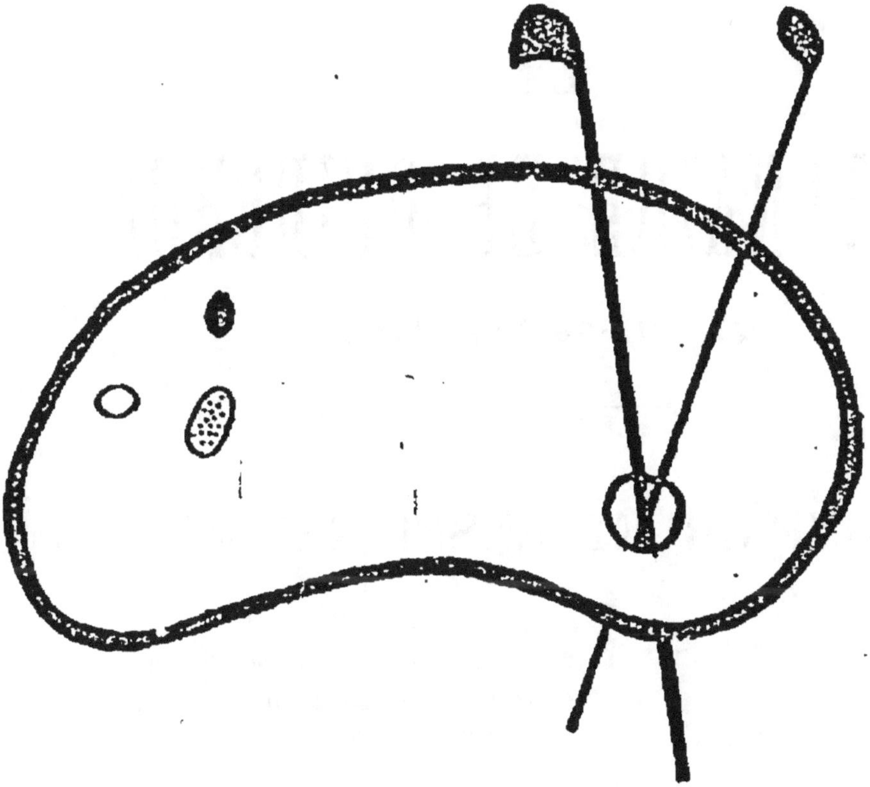

DEBUT D'UNE SERIE DE DOCUMENTS
EN COULEUR

EDMOND BÉRAUD

Ancien Rédacteur de *La Gazette de France*

LE
CENTENAIRE DE QUIBERON

27 JUIN-26 AOUT 1795

SOUVENIR ET ENSEIGNEMENT

Pro Deo, pro Rege hic ceciderunt.
C'est là qu'ils sont tombés pour Dieu et pour le Roi.

PARIS

LAMULLE ET POISSON, EDITEURS

14, RUE DE BÉAUNE

—

1895

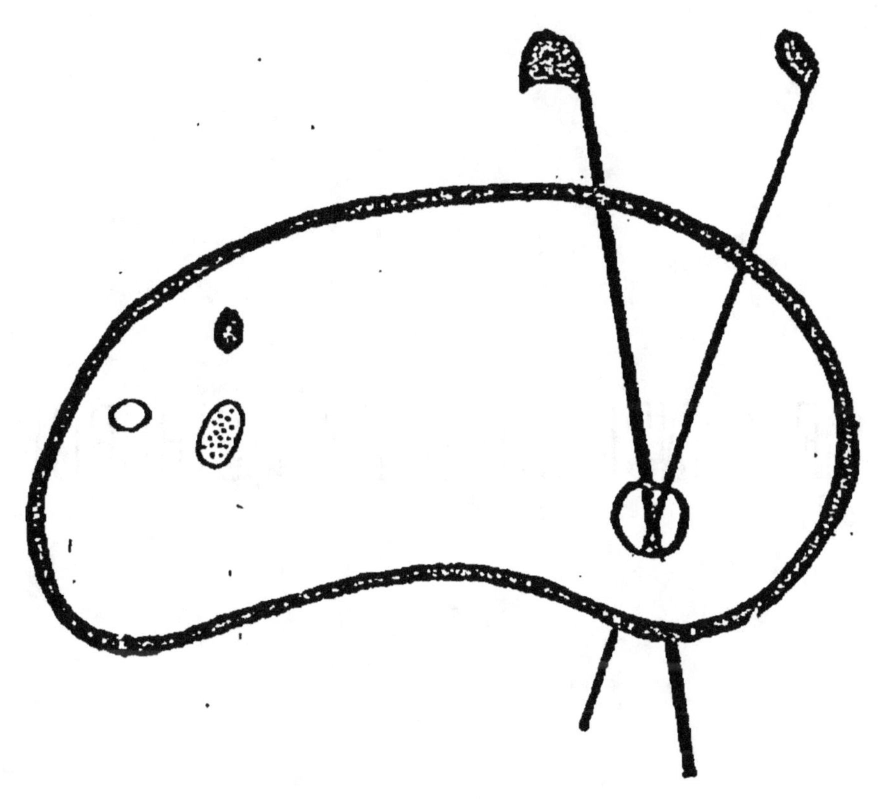

FIN D'UNE SERIE DE DOCUMENTS
EN COULEUR

LE CENTENAIRE DE QUIBERON

EDMOND BÉRAUD

Ancien Rédacteur de *La Gazette de France*

LE
CENTENAIRE DE QUIBERON

27 JUIN-26 AOUT 1795

SOUVENIR ET ENSEIGNEMENT

Pro Deo, pro Rege hic ceciderunt.
C'est là qu'ils sont tombés pour
Dieu et pour le Roi.

PARIS

LAMULLE ET POISSON, EDITEURS

14, RUE DE BEAUNE

—

1895

LE CENTENAIRE DE QUIBERON

Quiberon ! Ce nom rappelle l'un des plus cruels désastres dont l'histoire des guerres civiles fasse mention.

Il y aura bientôt cent ans, se déroulaient, sur la plage de Quiberon, les premières scènes de cette douloureuse tragédie. Le 27 juin 1795, les émigrés débarquaient, pleins de joie et d'espérance, sur cette terre de France qu'ils avaient cru ne plus revoir ; le 20 juillet, les roches de Port-Haliguen voyaient aboutir les débris d'une expédition qui aurait pu changer la face de la France ; et le 28 juillet, commençaient, pour ne finir que le 26 août, les massacres qui portent dans l'histoire le nom de Quiberon.

De cette plage funèbre, j'évoque les images d'un passé qu'a oublié la France. Cette côte, où se sont succédées tant de scènes de guerre et de meurtre, attire tous les ans, par la magnificence du spectacle, une foule de baigneurs et de touristes. Cette mer, qui a enseveli tant de victimes, baigne maintenant des bandes joyeuses. Sur les dunes ensanglantées, s'élèvent de coquettes villas ; et ces lieux qui ont été le théâtre et les témoins du drame, Quiberon, Penthièvre, Carnac, Plouharnel, Auray, reçoivent la visite de centaines d'Anglais, petit-fils, peut-être, de ceux qui jadis conduisirent dans la baie le corps expéditionnaire.

Cent ans se sont écoulés. Mais Quiberon n'est pas seulement un souvenir historique d'une incomparable grandeur, il contient aussi un terrible enseignement et une leçon salutaire. Il se détache grandiose et majestueux sur le fond bas de l'époque actuelle. A la génération d'indifférents et d'égoïstes qui s'agitent misérablement, à ces conservateurs repus, à ces royalistes sans pudeur qui ont trahi leur foi, Quiberon oppose le dévouement, la fidélité et le sacrifice héroïque.

Quiberon montre que l'union des volontés peut seule assurer le succès, et qu'un parti divisé, jaloux, se partageant en coteries et en vanités individuelles, est condamné à périr.

Quiberon montre aussi que la Monarchie a ses racines dans les entrailles mêmes du peuple. C'est avec le peuple et par le peuple que la Monarchie a vécu et a grandi. Bien loin de s'appuyer sur la division des classes, elle les a nivelées, elle a été le protecteur et l'ami du peuple, et aux jours sanglants de la Révolution, elle a trouvé dans le peuple ses plus héroïques défenseurs. A Quiberon où l'histoire a été méconnue et falsifiée, il n'y eut pas que des gentilshommes ; Quiberon apparaît, après la Vendée et la Chouannerie, comme l'affirmation des sentiments populaires.

Quiberon montre, enfin, que si les royalistes ont des devoirs à remplir envers leur chef, les Princes en ont de plus solennels envers le peuple, lorsque l'heure décisive a sonné.

GUERRE DE VENDÉE ET CHOUANNERIE

Les causes pour lesquelles on se fait tuer sont sacrées; celles qui se bornent à tuer sont maudites. La Révolution restera à jamais maudite, et la cause royaliste, pour laquelle tant de Français ont versé leur sang, sera toujours la cause nationale.

En 1789, les abus de l'ancien régime n'existaient plus; la France avait obtenu les réformes légitimes et nécessaires. Peuple, Noblesse, Clergé, Royauté étaient prêts à inaugurer une ère nouvelle de liberté. La faiblesse du Roi et la scélératesse de quelques tribuns firent éclater la Révolution. On brûla les châteaux, on persécuta le clergé, on ferma les églises, on proscrivit, on guillotina, on assassina le Roi.

La Révolution ne rencontrait sur sa route aucun obstacle; les Français terrorisés se drapaient dans une inutile vertu pour mourir sur l'échafaud. C'est alors que, du fond des campagnes de l'Anjou, du Poitou, de la Bretagne, du Maine et de la Basse Normandie, retentit un grand cri de : Vive le Roi ! Vive la Religion !

Refusant de se soumettre au joug de la conscription et de cimenter de leur sang un régime abhorré, les Vendéens se levèrent. Ils exigèrent, les armes à la main, qu'on leur rendit leur Dieu et leur Roi. Ni les prêtres, ni les nobles ne furent les auteurs de ce soulèvement essentiellement populaire. Les paysans déclarèrent la guerre sans leurs curés, malgré leurs seigneurs. Les premiers chefs furent des hommes du peuple : Cathelineau et Stofflet. Et après seulement, apparurent La Rochejaquelein, d'Elbée, Charette, Bonchamp, Lescure.

Napoléon a dit de la guerre de Vendée qu'elle avait été

« une lutte de géants. » Ces géants, toutefois, furent des hommes, ils commirent des fautes et ils en moururent ; mais ils sauvèrent l'honneur de la France.

En Bretagne aussi, l'insurrection éclata ; et depuis l'embouchure de la Loire jusqu'aux portes de Brest, les Chouans se ruèrent sur les républicains : « Nous n'avons plus de roi, nous n'avons plus de prêtres ; nous voulons crocher avec la nation. » Et ils crochèrent pendant dix ans. Ce n'était plus la grande guerre des Vendéens ; c'était la Chouannerie, juste et terrible guerre de représailles dont le nom, malgré certaines impostures historiques, brillera dans l'histoire à côté de ceux des Cadoudal, Tinteniac, Frotté et de tant d'autres qui, lorsque la France inerte subissait le despotisme révolutionnaire, luttaient et mouraient.

L'ÉMIGRATION

Les émigrés ont aussi combattu : voilà leur mérite ; mais ils ont mal choisi le terrain et les auxiliaires du combat : voilà leur tort. Ils auraient dû, comme les Cathelineau, les La Rochejaquelein, les d'Elbée, les Stofflet, les Charette, les Cadoudal, se battre en France : ils se sont battus à l'étranger.

L'émigration est considérée comme un crime par les révolutionnaires qui, gardant pour eux le droit à l'insurrection, ne laissaient aux autres que la liberté de mourir. Elle fut une faute, non pas dans le sens que les républicains essaient de lui attribuer, mais dans un sens tout opposé. La noblesse française, au lieu de s'isoler et d'émigrer en masse, devait rester en France et se mettre à la tête des honnêtes gens apeurés.

Certes, à beaucoup l'émigration parut une nécessité : la Révolution dénonçait, poursuivait les nobles, incendiait leurs demeures, massacrait leur famille. Ils se condamnèrent à un exil qui les sauva de l'échafaud et qu'ils tentèrent de rompre avec leur épée. C'est la Révolution qui les poussa hors de France, et c'est elle qui est responsable.

Mais l'émigration, désavouée par Louis XVI, fut fatale à la Royauté, car elle enleva au Roi d'énergiques défenseurs ; et en face de la coalition des émigrés et des puissances étrangères, les révolutionnaires purent facilement jouer le rôle de défenseurs de la patrie, de cette patrie que les Rois avaient créée et agrandie de toutes pièces et que la Révolution démembra !

Les républicains faisaient de la Patrie l'équivalent du mot de République. Les royalistes, eux, ne concevaient pas l'idée de Patrie en dehors de la Royauté. A leurs yeux le Roi était la suprême expression de la France : où il n'y avait plus de Roi, il n'y avait qu'un pays envahi et terrorisé.

M. Albert Duruy a écrit justement à ce sujet :

« S'il y eut dans notre histoire un moment où le devoir put sembler douteux, où ce qui était le patriotisme pour les uns eût été l'infamie pour les autres, c'est bien dans ces premières années de la Révolution. En effet, considérez ceci : d'une part, une agonie ; de l'autre, un enfantement ; une société qui meurt, une société qui naît ; une convulsion générale, un renversement complet de toutes choses, un tremblement de terre ; le haut en bas et le bas en haut ; au lieu du Roi le peuple souverain, le règne de la sainte canaille et du bonnet rouge, l'apothéose de Marat, la déification de Robespierre ; un seul ressort de gouvernement : la guillotine ; plus d'institutions, plus de lois, plus de garanties ; la République ou la mort ! Dans cette effroyable anarchie, de quel côté se tourner ? Où aller ? Ceux qui restèrent firent bien assurément ; mais ceux qui partirent pouvaient-ils demeurer, et, une fois là-bas, à Coblentz, à Turin ou à Vérone, se croiser les bras pendant qu'on se battait en Belgique et sur le Rhin ? Non, l'émigration fut parce qu'elle devait être, et dès lors qu'elle était, il fallait bien qu'elle prît les armes. Combattre pour sa cause, mourir en la défendant, il n'y a pas de droit contre ce droit-là. »

Et le républicain Naquet disait, lui-même, il y a quelques mois :

« Il peut arriver un moment où la fidélité au Prince se trouve en opposition avec la fidélité à la patrie. La France a connu de ces heures douloureuses au moment de sa grande Révolution, lorsque les régiments d'émigrés allaient combattre dans les rangs des armées étrangères.

Dans notre jeunesse, nous avons été habitués à stigmatiser ces Français qui portèrent les armes contre la France. Aujourd'hui, plus calmes, raisonnant avec une plus grande sérénité philosophique, nous avons le droit d'être plus justes vis-à-vis d'eux.

En 1793, l'idée de patrie ne s'était point encore dégagée avec la puissance qu'elle a acquise depuis. Pour les nobles, qui avaient été toujours serrés autour du trône, le Roi et la patrie ne faisaient qu'un ; les deux termes se confondaient ; et, parmi ceux qui commettaient cet acte, odieux aux yeux de notre génération, de marcher à côté des envahisseurs de la France, la plupart croyaient encore servir leur pays en le combattant. Pour eux, là où était le Roi, là était la patrie. »

Telle fut l'émigration. Cette noblesse qui, par les abus dont elle avait longtemps bénéficié, avait eu sa part de responsabilité dans la Révolution, transporta à Coblentz les mœurs et les vices de l'ancien régime.

Dédaigneuse des petits, elle offensa par son orgueil les royalistes modestes, qui, eux aussi, avaient fui le sol natal, car parmi les émigrés se trouvaient toutes les classes de la société, peuple et bourgeois.

Mais ces gentilshommes hautains et légers eurent vite

fait d'abandonner intrigues et plaisirs, et quand l'heure de mourir sonna, ils surent tomber en héros, à Quiberon.

QUIBERON

L'histoire de Quiberon est faite depuis longtemps ; nous n'avons pas la prétention de la refaire. Nous voulons la rappeler à ceux qui n'y pensent plus. Pensons-y pour ceux qui l'ont oubliée, et parlons de ces lieux fameux qu'on visite désormais sans émotion, tant on semble devenu indifférent aux tragiques souvenirs qu'ils évoquent !

Quiberon est une langue de terre de quatre lieues de long, d'une lieue de large, et qui, à l'entrée de la presqu'île, n'a pas plus de soixante mètres de largeur. Elle est baignée par les deux mers : la mer sauvage à l'ouest, les eaux de la baie à l'est.

La partie qui se rattache au continent est dominée au nord par les hauteurs de Sainte-Barbe et de Plouharnel ; à partir du fort Penthièvre et de Kerostin, la presqu'île fléchit vers le sud. Les villages sont nombreux à l'intérieur, pas un arbre, des champs sabloneux entourés de petits murs en pierre sèche ; les femmes labourent pendant que leurs maris naviguent.

Au siècle dernier, Port-Maria, qui est à l'extrémité de la pointe, n'existait pas. Il n'y avait que deux ports sur la côte orientale : Port Haliguen et Port d'Orange, aujourd'hui Saint-Pierre.

Du côté de la mer sauvage, des dunes désertes et silencieuses, couvertes d'un tapis de mousse ; l'Océan y est souvent furieux et creuse des cavernes dans les rochers en s'y engouffrant avec violence. De ces dunes élevées on saisit l'ensemble d'une vue admirable : à gauche, Plouharnel, Carnac, qui forment le fond de la baie, et, en suivant la côte, la Trinité, Lockmariaker, le golfe du Morbihan ; en face les îles d'Houat et d'Hœdic ; plus loin, comme une sentinelle avancée, Belle-Ile ; à droite, l'Atlantique, dans son immensité.

Telle était la place que les émigrés avaient choisie pour entrer en France.

L'EXPÉDITION DE QUIBERON

En 1795, après la mort de Robespierre, la France, fatiguée de l'anarchie sanglante, n'aspirait qu'au repos. Jamais la situation de la République n'avait été plus précaire.

Le traité de pacification était chaque jour violé par les républicains, et les provinces de l'Ouest étaient prêtes à un effort décisif pour ramener la Monarchie.

Puisaye fit décider en Angleterre l'expédition de Quiberon. Cette entreprise se liait avec un mouvement qui devait éclater dans toute la Bretagne. Il s'agissait de s'emparer de la presqu'île, et, sans perdre de temps, de marcher sur Rennes en chassant devant soi les républicains. Les royalistes de l'intérieur étaient prévenus : de Rennes, l'armée royale se serait portée rapidement sur la Mayenne, derrière laquelle on pouvait rassembler cinquante mille hommes dont les mouvements devaient se combiner avec les armées de Charette et Stofflet. Tel était le plan qu'avait formé Puisaye et qui devait être secondé par une diversion que le Prince de Condé tenterait en Franche-Comté.

Après les premiers résultats de la campagne, le Comte d'Artois arrivait, et c'en était fait de la République.

Deux divisions devaient concourir à l'entreprise sous la direction suprême de Puisaye : la première, composée de 3,000 hommes, commandée par d'Hervilly ; la seconde, de 1,500, devait avoir pour chef Sombreuil.

Le 10 Juin 1795, la première expédition partit d'Angleterre ; le 25 Juin, les navires anglais mouillèrent dans la baie de Quiberon, et le 27, les troupes débarquèrent sur la plage de Carnac. Puisaye lança aussitôt une proclamation dont voici le début :

« Français ! au nom de Dieu, de votre Roi, nous venons
« vers vous avec des paroles de paix.

« Nous ne venons pas répandre le sang, mais faire
« respecter vos droits et repousser la force par la force.
« Si nos ennemis veulent sincèrement la paix, qu'ils cessent
« de dévaster vos champs et de saccager vos villes ; mais
« s'ils préfèrent continuer la guerre, ils répondront à la
« France et à toute l'Europe des maux qu'elle occasionnera
« et ils apprendront ce que peuvent la valeur et le courage
« d'hommes accoutumés à braver les fatigues, les dangers
« et la mort pour la défense de la cause la plus juste et la
« plus sacrée. »

Fidèles au rendez-vous, 8,000 Chouans étaient accourus sous le commandement de Cadoudal et Tinteniac, ils avaient balayé la côte, chassé les autorités civiles et dispersé les garnisons.

Il fallait se hâter, se jeter dans les terres et ne pas laisser aux républicains le temps de se reconnaître. C'était l'avis de Cadoudal. D'Hervilly, lui, homme de tactique, habitué à la guerre régulière, préféra cantonner ses troupes et procéder par escarmouches. Un temps précieux fut ainsi perdu pendant huit jours.

Première faute, que vint aggraver cette autre faute irréparable commise au moment de la formation du corps expéditionnaire : l'Angleterre, malgré les protestations de Puisaye, avait incorporé des prisonniers de guerre, qui, soldats de la République, feignant de s'armer contre elle pour rentrer en France, trahissaient au profit de la République.

Voyant qu'il n'était pas attaqué, Hoche résolut de prendre l'offensive. Il revint à Auray, déboucha du côté de Carnac avec 13,000 hommes et força l'armée royale à se replier sur la presqu'île. Chouans et émigrés s'emparèrent alors du fort Penthièvre et firent prisonnière la garnison. Mais, de son côté, Hoche se fortifiait sur les hauteurs de Sainte-Barbe.

Voilà donc les émigrés maîtres de Quiberon et prisonniers dans la presqu'île, car les républicains en gardaient l'entrée : « Les émigrés, écrivait Hoche, sont ainsi que des rats enfermés dans Quiberon où l'armée les tient bloqués. » L'armée royale, d'assaillante, était devenue assiégée.

Pendant ce temps-là, la discorde régnait dans l'armée royale. Puisaye et d'Hervilly passaient leur temps à se disputer l'autorité. Dès le début, la mésintelligence avait éclaté entre eux. Les émigrés soutenaient d'Hervilly ; les Chouans témoignaient leur attachement à Puisaye. Les rigueurs disciplinaires de d'Hervilly, ses lenteurs, ses dédains pour les paysans, l'arrogance de certains émigrés, l'absence des Princes, pour qui tant de braves gens allaient se faire tuer, avaient irrité les Chouans. En définitive, du côté de l'armée royale, les rivalités personnelles, la division, l'incohérence ; du côté de l'armée républicaine, un général dont le coup d'œil militaire prévoyait tout et qui avait su imposer à ses troupes son pouvoir absolu.

Le 15 Juillet, la seconde division, commandée par Sombreuil, parut dans la baie. Le lendemain, au point du jour, d'Hervilly devait attaquer les républicains dans l'espoir de rompre les lignes ennemies. Sombreuil demanda qu'on attendit vingt-quatre heures nécessaires pour le débarquement de ses troupes, il fit valoir qu'on ne pouvait réussir que par un effort d'ensemble. Mais d'Hervilly avait prescrit à Tinteniac et à ses Chouans de s'embarquer pour la côte de Sarzeau et de prendre l'ennemi en queue vers Auray. Le mouvement était combiné à jour et à heure fixes ; d'Hervilly voulut être exact au rendez-vous et, malgré l'insistance de Sombreuil, résolut d'attaquer le 16 Juillet.

Malheureusement, la diversion, sur laquelle les émigrés comptaient, manqua. Tinteniac ne vint pas. Quelques jours après il était tué, et il emporta dans la tombe le secret de son absence.

Sans les Chouans de Tinteniac, sans les régiments de Sombreuil, d'Hervilly attaquant une armée quatre fois plus forte, commandée par l'homme de guerre le plus habile qu'ait produit la Révolution, devait être écrasé.

Le 16 Juillet, de grand matin, la bataille commença ; l'ennemi avait été tenu au courant par des transfuges. Cachées derrière les dunes de Sainte-Barbe, les troupes de Hoche mitraillèrent Chouans et émigrés. D'Hervilly fut blessé à mort, la moitié de son armée resta sur le champ de bataille ; sur 200 officiers, 120 périrent. Les débris de l'armée royale durent se réfugier dans le camp, protégés par le fort Penthièvre.

C'est alors que les soldats de Sombreuil débarquèrent pour assister à la déroute. La presqu'île était devenue une prison pour les milliers de femmes, d'enfants, de vieillards accourus des terres avec les Chouans.

D'Hervilly avait eu pour successeur Puisaye, qui commit, lui, une faute impardonnable. Le fort Penthièvre était la clef de la position ; la prudence la plus élémentaire commandait de ne la confier qu'à des troupes sûres. Puisaye eut la fatale idée d'y mettre comme garnison des prisonniers républicains. Cette aberration allait couronner la ruine définitive.

Trois sous-officiers nouèrent une conspiration pour livrer le fort à Hoche ; Goujon, Mauvage et Lille, dont l'histoire a flétri les noms. Ils s'offrirent pour servir de guides, et, le 2 juillet, au milieu d'un orage affreux qui empêchait d'entendre les bruits des pas, ces trois traîtres ouvrirent la porte du fort. Les soldats restés fidèles furent massacrés et le fort tomba aux mains du général Hoche.

Le lendemain, la foule désarmée et les troupes royales apprirent la catastrophe. Déjà les républicains, maitres de Kerostin, marchaient vers Saint-Pierre, Port-Haliguen et Quiberon, chassant devant eux une multitude affolée. Sur le rivage, ces malheureux attendaient une barque ou la mort, les rochers étaient couverts de fugitifs : des centaines périrent dans les flots. Puisaye se réfugia à bord d'une frégate anglaise.

Ce qui restait des troupes royales s'était rallié autour de Sombreuil. Toujours en combattant, ces héroïques victimes avaient reculé jusqu'à l'extrémité de la presqu'île. Mais il fallait vaincre ou mourir. Vaincre était impossible. C'est alors que des rangs de l'armée républicaine partirent ces cris : « Rendez-vous, il ne vous sera fait aucun mal ! » Sombreuil, acculé à la mer, songea à cette foule désarmée qui allait périr, et entra en pourparler avec Hoche. La conférence eut lieu sur une petite butte située entre le fort de Port-Haliguen et une vieille fontaine qu'on voit encore. Que s'y passa-t-il? Y eut-il capitulation? Le général Hoche l'a nié. Sombreuil l'a affirmé devant ses juges et devant Dieu. Il a juré avant de mourir qu'il avait obtenu la vie sauve pour tous, lui seul excepté.

Il y a donc eu capitulation, non pas capitulation écrite, mais capitulation verbale.

Entre la parole de la victime et celle des bourreaux, l'histoire impartiale n'hésitera pas.

Et après le parjure, vint le massacre des prisonniers de guerre.

LE MASSACRE

Dans la presqu'île de Quiberon se trouve le véritable champ des Martyrs, car c'est là que périrent le plus de royalistes. A l'attaque de Sainte-Barbe tombèrent douze cents Chouans et émigrés, parmi lesquels les compagnons d'armes de Suffren, d'Estaing, La Motte-Piquet, une centaine d'officiers de cette glorieuse marine qui avait tenu tête à l'Angleterre, et **72** vieux chevaliers de Saint-Louis, qui versèrent pour la monarchie ce qui leur restait de sang dans les veines. Leurs ossements sont dispersés dans la plaine de Sainte-Barbe.

A Quiberon aussi, comme à Vannes et à Auray, fonctionnèrent ces commissions militaires, véritables tribunaux d'assassins.

Après la capitulation, les prisonniers, au nombre de 5,000, avaient été conduits à Auray. Leur escorte était si inférieure en nombre, qu'il leur eut été facile de s'enfuir.

On fit promettre aux émigrés de ne tenter aucune évasion. Hoche, dont la parole les couvrait, s'était hâté de partir pour Rennes, et peu après, les troupes qui avaient été témoins de la capitulation, reçurent l'ordre de le rejoindre. Leur présence eut consacré le parjure.

On entassa les prisonniers dans les églises transformées en prison et, en peu de jours, une épidémie enleva par centaines les Chouans parqués à Vannes. C'était déjà quelque chose. Ce n'était pas assez. « Il serait trop long de se servir du rasoir national, il faut que la fusillade fasse raison des émigrés, » écrivait le conventionnel Topsent, de Lorient. Ce conseil fut suivi par Tallien et la Convention.

Le 27 Juillet, quand Sombreuil parut devant ses juges, avec l'Evêque de Dol, le Comte de Broglie, M. de la Landelle et quatorze prêtres, il accepta héroïquement la mort à laquelle il s'était voué pour sauver ses compagnons, mais il jura qu'on avait promis la vie aux prisonniers. « J'en appelle à votre témoignage, grenadiers, » s'écria-t-il, en se tournant vers les soldats présents. — « C'est vrai ! » répondirent ceux-ci, et la commission militaire se sépara, déclarant par la voix de son président, le chef de bataillon Laprade, qu'elle n'avait « pas le droit de juger des prisonniers qui avaient capitulé. »

Furieux, le général Lemoine cassa la Commission, et, séance tenante, en nomma une autre qui n'osa pas résister. Le lendemain 28 Juillet, Sombreuil et ses dix-sept compagnons furent conduits au supplice. Les soldats et leurs officiers qui avaient été commandés pour l'exécution, refusèrent à leur tour d'accepter cette tâche d'assassins ; il fallut avoir recours à un bataillon de Paris.

L'exécution de Sombreuil, mort à 25 ans, au cri de : Vive le Roi ! celle du vénérable évêque de Dol qui marcha au supplice en récitant les prières des agonisants, donnèrent le signal des massacres. Pendant un mois, à Vannes, à Auray, dans la presqu'île de Quiberon, le sang allait couler par torrents.

A Vannes, le président de la Commission, le chef de bataillon Douillard — il faut rappeler les noms de ces républicains loyaux — imita Laprade : « J'ai prononcé avec tous mes camarades le mot de capitulation. Je ne puis juger ceux que j'ai absous le sabre à la main. » Lemoine dut, comme à Auray, constituer une autre commission et choisit des bourreaux dans ces colonnes infernales qui avaient partout porté le fer et la flamme. La tuerie commença, elle ne se termina que le 26 Août, elle dura un mois. On tua partout, sans distinction d'âge, de rang, de profession ; personne ne fut excepté : ce fut l'égalité dans la mort.

On fusilla les vieux et les jeunes, les blessés et les malades, les nobles et les paysans. « On fusilla, dit M. Harscouët de Saint-Georges, les malades sur leurs grabats, dans l'église sur la paille qu'on leur y avait jetée. M. Prévost de la Voltais, qui avait été amputé d'une jambe, fut tué dans son fauteuil. » Fusillés, des enfants de 17 à 20 ans ! Fusillés, des vieillards aux cheveux blancs, tels que cet héritier du nom de Fénelon, M. de Salignac Fénelon, âgé de 85 ans ! Fusillés, les médecins eux-mêmes qui sont respectés sur le champ de bataille, comme cet aide-chirurgien de Lyon, Javel, âgé de 19 ans !

A Vannes, de l'aveu d'un historien républicain, Duchastelier, « l'administration municipale en fut réduite à se plaindre, au nom de la salubrité publique, de l'énorme quantité de sang que la terre refusait de boire, les chiens qui s'en gorgeaient chaque jour ne parvenaient pas à l'épuiser. »

« Sur les points où fonctionnaient les conseils de guerre, on avait adopté le même mode d'exécution, a écrit M. Harscouët de Saint-Georges. Chaque matin, suivant les proportions de l'égorgement de la journée, les autorités républicaines faisaient creuser, sur le champ du supplice, une fosse dont les dimensions répondaient au nombre de ceux qu'elle devait recevoir. Les prisonniers, liés deux à deux, étaient conduits à cette fosse. On les faisait ranger sur le bord, le visage faisant face au trou qu'on avait creusé pour leurs cadavres, le dos vers les exécuteurs. Deux soldats à Auray et à Vannes, un seul à Quiberon, où la mer emportait les victimes, devaient faire feu à bout portant sur chaque condamné. Ils tiraient à un commandement donné par leurs chefs, et les victimes tombaient pêle-mêle sur le bord de la tranchée ou au fond.

« Quelque habitué que fût le regard des exécuteurs au spectacle des supplices, continue le comte Harscouët de Saint-Georges, et quelque bronzée que fût leur âme, l'horreur des exécutions journalières était si grande, que parfois la main de quelques-uns des soldats venait à trembler en serrant la détente du fusil, de sorte qu'une partie des victimes, mal ajustées, ne tombaient que blessées. Lorsqu'il en était ainsi, ou celui qui présidait à ces exécutions ordonnait une décharge nouvelle, à moins qu'il ne commandât d'achever les blessés à coups de sabre, ou bien il faisait jeter dans la fosse les blessés pêle-mêle avec les morts, pour achever d'y mourir dans les tortures d'une agonie plus ou moins lente. La fosse, creusée chaque jour, n'était recouverte que le lendemain, et, si quelques-unes des victimes qu'elle contenait respiraient encore, on les achevait ou on les enterrait vivantes. »

Parmi ces victimes se trouvaient les représentants des

plus illustres familles : d'Avaray, Beaumont, Béarn, Broglie, de Damas, Chevreuse, Fénelon, Kergariou, La Ferté-Meun, Lamoignon, de Langle, Lusignan, Montesquiou, La Noue, La Pérouse, Rieux, La Rochefoucauld, Soulanges, Talhouët, etc.

Des familles entières s'éteignirent à Quiberon, comme les Rieux, les Soulanges, les Haffond, les Jallays.

C'est qu'en effet les pères tombèrent avec les fils, les frères à côté de leurs frères. Tels ces quatre Jallays fusillés à Vannes, pendant que cinq autres étaient tués en Vendée et sur le Rhin. Tels ces deux Cillart de la Villeneuve, l'oncle et le neveu, qui furent tués par le même boulet.

Mais il y eut, dans ces jours néfastes, des dévouements ignorés et des souffrances, qui n'ont pas eu d'écho, parmi ces familles du peuple qui forment la grande majorité des victimes et dont quelques-unes disparurent aussi dans le massacre.

Les plus modestes existences donnèrent la main, par l'égalité du supplice, aux plus illustres familles. Les noms des Broglie et des Chevreuse furent confondus pêle-mêle avec ceux d'une foule de prêtres, bourgeois, étudiants, commerçants, ouvriers et laboureurs, qui n'avaient pas à défendre des privilèges, mais qui voulaient défendre leur foi.

Nous avons cité quelques nobles. Citons quelques-uns de ces héroïques enfants du peuple : Cony, laboureur ; Coupe, manœuvre ; Doco, charron, du Nord ; Biard et Doudement, paysans de la Seine-Inférieure ; Dussantoir et Vosseur, ouvriers du Pas-de-Calais ; Jegu et les deux Thomazeau, paysans du Morbihan ; Malherbe et Lefranc, domestiques ; Brodier, tisserand, de Troyes, qui, avant de mourir, écrivit cette admirable lettre que l'histoire ne doit pas oublier :

« Je voulais vivre et mourir dans le sein de notre mère

2

commune, la sainte Eglise, ce qui n'est plus, pour ainsi dire, possible en France. Aussi, dès que je vis ce malheureux pays livré à toutes les fureurs de l'impiété, et à la veille de manquer de tous les secours spirituels, je pris le parti de l'abandonner, persuadé que la divine Providence me conduirait à bon port, ce qui est arrivé. Il est vrai que j'ai eu bien des peines, mais je ne dois pas y faire attention. »

La liste serait interminable d'étudiants, médecins (parmi lesquels les deux Javel, père et fils), avocats, clercs de notaire, instituteurs, marchands, journaliers, menuisiers, meuniers, jardiniers, tisserands, maçons, bourreliers, tanneurs, horlogers, cordonniers, paysans, etc., etc.

Ceux-là n'avaient pas la noblesse du nom : ils avaient celle du cœur, et leur âme fière et libre en a fait des héros dignes de figurer à côté de Sombreuil.

Quiberon, comme la Vendée et la Chouannerie, fut donc, avec ses paysans et ses ouvriers, une éclatante manifestation du peuple royaliste. Et ce n'est pas seulement à la noblesse française, c'est au peuple honnête et fidèle que ces pages rendent hommage.

LE CHAMP DES MARTYRS

Sur le monument funèbre érigé près du champ des Martyrs figurent les noms de 710 fusillés et de 242 tués dans la journée du 16 juillet ; total, 952 (sur lesquels 559 nobles et 393 non nobles). Cinq cents autres royalistes, surtout des chouans, périrent de maladies dans les prisons. On estime à douze cents (aucune commission militaire n'ayant eu de procès verbaux exacts et complets) le nombre des victimes inconnues, et à treize cents le nombre de ceux qui tombèrent en combattant ou furent engloutis dans les flots.

L'expédition de Quiberon fit donc environ **4,000 victimes.**

Les restes de presque tous ont été dispersés et n'ont jamais joui des honneurs d'une sépulture chrétienne ; sept cent dix fusillés reposent en terre bénie.

Jusqu'en 1814, les ossements de ces 710 victimes étaient demeurés dans les fosses où on les avait jetés au moment de l'exécution. Le curé d'Auray les fit transférer à la Chartreuse, et l'on ouvrit une souscription pour élever une chapelle expiatoire et une chapelle sépulcrale. En 1823, la première pierre fut posée par la duchesse d'Angoulême ; en 1829, l'inauguration eut lieu au milieu de plus de 20,000 royalistes accourus de tous les points de la Bretagne.

Le monument expiatoire s'élève sur le théâtre du massacre, dans le marais de Kerso, au milieu d'une sombre avenue de sapins. C'est le champ des Martyrs. « *Hic ceciderunt* » lit-on sur la façade. « *C'est là qu'ils sont tombés.* » « *In memoria æterna erunt justi. La mémoire des justes sera éternelle.* »

Quelques pas plus loin, dans l'ancien couvent des Chartreux, se trouve la chapelle sépulcrale sur le fronton de laquelle on lit : « *Gallia mœrens posuit. La France éplorée l'a élevée.* »

Au centre de la chapelle, s'élève le mausolée en marbre blanc qui recouvre le caveau funéraire fermé par une porte de bronze. Sur les côtés, sont inscrits les noms des victimes. On lit aussi ces inscriptions :

« *Pro Deo, pro Rege nefarie trucidati.* »

« *Pour Dieu, pour le Roi indignememt immolés.* »

« *Pro animabus et legibus nostris.* »

« *Pour nos âmes et nos lois.* »

Au-dessus, les bustes de Mgr de Hercé, de Sombreuil, Soulanges, d'Hervilly et Talhouët, et un bas-relief rappelant les traits sublimes de Gerril du Papeu qui, après avoir été à la nage faire cesser le feu des Anglais, à la suite de l'entrevue de Hoche et de Sombreuil, revint, nouveau Régulus, se constituer prisonnier.

Dans les profondeurs du caveau éclairé par une lanterne, on voit une montagne d'ossements qui a douze mètres de large sur quatre mètres de hauteur. Ce chaos de têtes aux yeux vides, d'os entassés pêle-mêle produit un effet inexprimable de tristesse et d'horreur.

C'est là tout ce qui reste de l'expédition de Quiberon !

MONARCHIE ET MONARCHISTES

De l'expédition de Quiberon, il reste aussi un enseignement et un exemple.

Les royalistes qui, durant soixante ans, ont fait à leur cause plus de sacrifices qu'il n'en aurait fallu pour assurer son triomphe, mais qui ne savent pas se rendre redoutables par l'union des volontés, les royalistes agissaient à Quiberon, comme ils ont toujours agi. Divisés, jaloux les uns des autres, se partageant en coteries et en vanités individuelles, ils ignoraient que de l'union seule des dévouements peut sortir le succès.

L'absence des Princes ne fit qu'augmenter les divisions d'un parti livré à lui-même. Les Princes devaient venir et, au besoin, mêler leur sang à celui des nobles et des

paysans qui mouraient pour eux, sans plainte, au cri de :
Vive le Roi !

Un Prince n'a jamais le droit d'abandonner ses
serviteurs.

Voilà l'enseignement.

Et voici l'exemple :

Les royalistes d'autrefois ne cherchèrent point dans les
fautes commises prétexte à de lâches abstentions et à de
honteuses défections. Un des survivants de Quiberon, le
général Tercier, a écrit ces lignes, sous la Restauration :

« L'honnête homme ne doit prêter qu'un seul serment
« dans sa vie, et y tenir invariablement. Celui qui fait
« serment prend la Divinité à témoin de la sincérité de
« son cœur, et se rend responsable envers elle de son
« infraction... Mais aujourd'hui on ne croit plus à rien.
« Les sermens ne sont plus que de vaines formalités qu'il
« faudrait supprimer pour éviter des parjures.

« Une nouvelle morale, introduite parmi nous, fait que
« l'on est toujours prêt à se conformer aux circonstances.
« Aussi ne rencontre-t-on plus en France de ces grandes
« vertus qui font les grands caractères. »

Qu'eût donc pensé Tercier s'il eût vécu de nos jours !

Il nous a paru opportun de faire revivre pour la
génération actuelle ces mâles figures des royalistes
d'autrefois. Ce ne sont pas les soldats de la résistance armée
que nous offrons en exemple aux monarchistes d'aujourd'hui.
Ce sont les royalistes résolus dans l'action, tenaces dans la
fidélité. L'esprit général de l'époque, les conditions de la
lutte ne sont pas les mêmes qu'autrefois; mais en 1895,
comme en 1795, les lois de l'honneur sont les mêmes :
l'honnête homme ne doit prêter qu'un serment dans sa
vie.

Or, en 1895, cette grande chose dont deux mots résumaient toute la grandeur et toute la force: DIEU ET LE ROI; cette grande chose pour laquelle tant de nobles cœurs se dévouèrent, tant de nobles âmes vécurent et moururent, pour laquelle tant de sang pur fut versé, cette grande chose est abandonnée par des royalistes qui dissimulent leur lâche trahison sous de vains prétextes.

Attaquer la Monarchie, c'est détruire la dernière réserve de la France. Chaque coup qui lui est porté marque un progrès de la désorganisation sociale, car si le parti monarchique venait à disparaître, la démagogie et la Franc-Maçonnerie ne trouveraient plus rien devant elles.

Mais la Monarchie ne périra pas; elle ne peut périr, parce qu'elle représente le salut de la France. Depuis cent ans, malgré les bouleversements, les révolutions, les attentats, les défections, le parti monarchique est resté vivant et vigoureux. Il est le seul parti Conservateur. A toutes les heures de crises, c'est toujours vers lui que s'est tourné le pays, et c'est toujours aux royalistes que la volonté nationale, libre, a confié la mission de panser les blessures de la France.

Il en sera ainsi dans un avenir prochain, quand la République aura livré à la Révolution ce qui reste de la société.

Chacun de nos Princes a eu sa mission. Le Comte de Chambord a gardé intact le principe monarchique. Le Comte de Paris a réalisé l'unité du parti et lui a donné un programme répondant aux besoins de la France moderne.

Le Duc d'Orléans refera la Monarchie.

TABLE

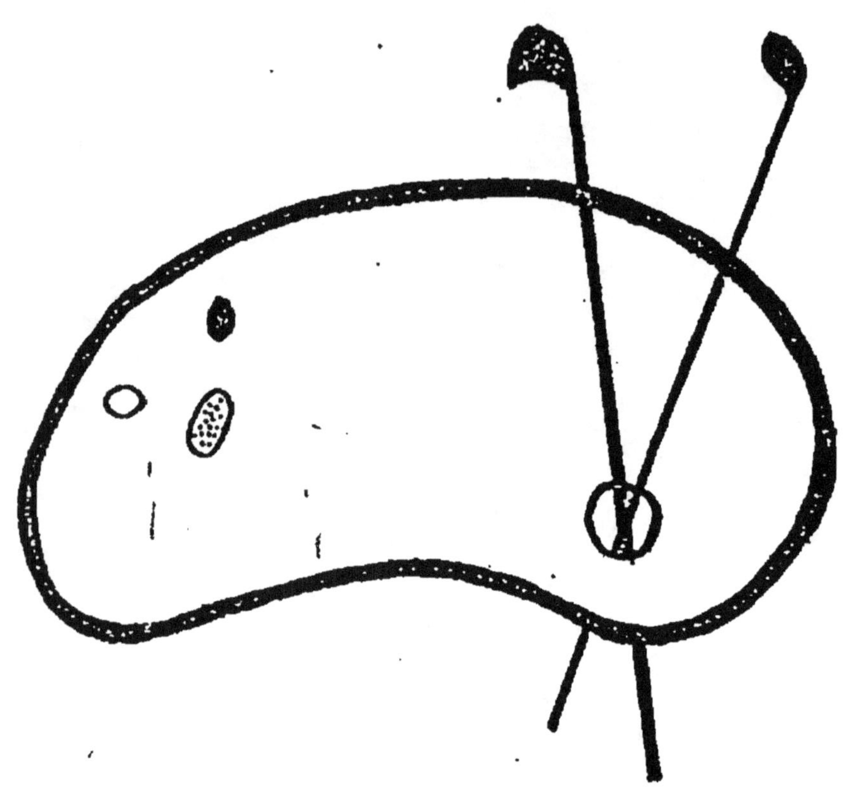

ORIGINAL EN COULEUR
NF Z 43-120-8

www.ingramcontent.com/pod-product-compliance
Lightning Source LLC
Chambersburg PA
CBHW061745060726
47597CB00007B/2778